祝勇文学笔记

祝勇 著 佟丽霞 选编

目录

自序

回首我的文学历程，我发现自己的大部分时光是在书房里度过的，读书、查文献、写作，成为我生命的主旋律。当然还要过日子，吃喝拉撒，这是每个人都要面对的，谈不上光荣，也谈不上不光荣，总之无须多提。我觉得我是一个相对简单的人，生活简单，想法也简单，为人处事直来直去，没有太多的弯弯绕，也不喜欢心机多的人，不是我智商不够，是把智商用在跟这样的人打交道，我觉得是个浪费。我的想法是，作为一个文字爱好者，我要尽量写下好的文字，留下好的文本。这是一个简单的愿望，这个愿望只能靠自己去实现。自己不努力，没人帮得了你，再拉人脉、走后门、自我炒作也没用。自己的作品有几分成色，旁人一眼就看得出来，尤其读者的眼睛雪亮，欺瞒不了。所以文字的功夫是内功，是真功夫，是实打实，不是花拳绣腿，这决定了我以一种最简单、也最诚实的态度去面对它，几分耕耘，几分收获。就像农民一样，晨兴理荒秽，带月荷锄归，或者好吃懒做、不好好耕作，结果大不一样，骗不了己，更欺不了天。

我很早就对汉字表现出由衷的迷恋。我深感汉字是古代中国人最伟大的创造，对中华文明有奠定之功。我们不能简单地把汉字当作一种人类交流工具，任何一种语言文字都可以是交流工具，但汉字不同，它决定了中国人的审美方式和思维方式，甚至决定了我们文明的走向。假如没有汉字，还有王羲之、颜真卿吗？假如没有汉字，还有李白、杜甫吗？试想，王羲之、颜真卿是用英语写书法，李白、杜甫用拉丁文写诗，会是一个什么样的结局？月落乌啼、江枫渔火，每一个汉字，都是一个浓缩的世界，有立体的层次，有无穷的魅力。是汉字，唤起了中国人在文化上的创造性，让华夏文明获得了源源不断的动力。我从小喜欢读书，是因为那些书是用汉字印刷的，哪怕是外国文学，也是翻译成汉字的。所以我是从汉字笔划转折里去了解世界、去体味人生的。假若没有了汉字，我们的生命可能都无所依托。假若我们的祖先发明的是另一种文字，汉碑晋书、唐诗宋词就都不存在了，我们的文明史都要重写。汉字是长在我们身体里的文字，是我们生命中的文字。假若我们的文字不是汉字，我简直不能肯定我是否还会热爱文学。

我在沈阳读中学时，就开始在自习时读托尔斯泰、雨果、杰克·伦敦，把物理、化学这些教科书衬在外面作挡箭牌。到北京上大学，正逢二十世纪八十年代，莫言、余华、王安忆方兴未艾，我就立即为他们的文字所吸引。我读莫言《红高粱》，读余华《一九八六年》，读王安忆《小鲍庄》，读张承志《黑骏马》，读乔良《灵旗》，读马原《虚构》，读洪峰《瀚海》，他们的文字给我带来的冲击力，至今犹在眼前。后来与莫言相识相熟，我从来不提的一个事实，就是我大学刚毕业时曾参加他的签书会，那时他也只有三十多岁，刚刚写完《红高粱》，在书上给我签了一句“祝勇小友指正”。莫言不会知道，我们第一次见面是在那样的场合，我站在人群里，怯生生地请他签了字。我崇拜写作者，惊奇于他们能够在方寸之间创造一个浩瀚无穷的世界，他们是真正的魔法师。我从不崇拜所谓的明星，在我心里，唯有伟大的作家和诗人才配得上“明星”这两个字，就像李白，因母亲在生他时梦见太白星（长庚星）才有了“太白”这个字（李白字太白），这才是货真价实的“明星”，那些靠流量吃饭、胸无点墨的表演者怎么能称“明星”？榜样的力量是无穷的，我一心想成为他们那样的作家，哪怕成为他们的十分之一也好。我从那时就开始写作，当然还不能叫写作，最多只能叫写，一直写到今天。时代风云变幻，我心始终如一。

不只一个人说我写得太多了，当然语气各有不同，有奇怪，也有责怪（暗含着量多质就不好的意思）。但没有量，哪来的质呢？一个人吃七张饼，吃到第七张饱了，难道要他直接吃第七张吗？其实我写得不能算多，只是因为每日坚持，从不放弃，所以显得写得多。假设每天写一千字（这个任务不算重），一年就能写三十万字，二十年就是六百万字。而我的写作历程，如果从大学毕业（一九九〇年）算起，也起码三十年了，至少应该有九百万字，而实际上，我的创作量也只有一半，也就是五百万字左右。这样一算，就不能说多了。之所以在别人眼里显得多，我想是因为现实的诱惑太多，很少有人能在文字的世界里从一而终。毕竟创作是一条艰苦的路，需要上下求索，许多人等不得，他们要马上可以看见的功和利。创作这件事，与急功近利没有关系，不仅“急”不得，而且也没什么“功”和“利”，热衷于文学者，大多被视为傻瓜。商品大潮一起，八十年代的热闹就不见了，当初写作者作鸟兽散，队伍于是越打越少，轰轰烈烈的创作队伍，变成三五个人，七八条枪。

择一事，终一生，这在今天成为一句流行语，但说起来简单，真正做到，又是何其艰难！我之所以一路写下来，心无旁骛，不能用“坚持”二字概括，归根结底，还是热爱，就是我前面所说的，对汉字所缔造的那个博大、深厚、瑰丽的世界充满迷恋。我无法摆脱它，更不愿意摆脱它。在文字的世界里，我充分感受到了自己的富足，什么样的现实利益都无法取代文字世界里的自我实现感。好的文字，可以让人获得力量。更重要的，是写作赋予我们独立的人格，不依靠奴颜媚骨，不需要摧眉折腰。一个优秀的作家，就是一个在文字世界里纵横捭阖的王。尽管世俗世界有它的运行法则，连文坛也是一个坛，也有挥之不去的关系网、利益链，但真正的写作者，只能依附于文学本身。

有读者问我，写作什么最重要？我回答了一个字："诚。"诚，就是诚实、诚恳、真诚。这个字不仅对写作重要，对我们的生命也无比重要。没有了"诚"，就只剩下瞒和骗。在瞒和骗之上，不可能建立一个牢固、稳定、可持续发展的世界。《中庸》里说："诚者自成。"所有的成功，假若没有了诚，就不能算是真正的成功。

当然，三百六十行，并非只有文学创作最为尊贵，择一事，终一生，每个人都有权去选择自己的事业。这篇自序是我三十多年从事写作的感言，我也以此向所有以诚实劳动换取收获的人们，表达我由衷的敬意。

最后要感谢辽海出版社社长柳青松提议出版这本书，感谢我的同学、友人佟丽霞在百忙之中编成这本书，感谢责任编辑甄贞所做的大量具体工作，还有彭伟哲先生、马欢女士为本书所做的设计。他们的付出，使我对自己的文学历程有了一次回望的机会。

2021年11月25日写于北京

ZHUYONG

旅行使我

对大地上的一切事物

充满敬仰，

任何一个

发育完备的村庄

都会有着谨严精致的

文化秩序，

即使过客，

也会留意自己的举止，

使之不显轻佻和简慢。

蓝印花布
祝　勇／著文
李玉祥／摄影
冷冰川／插图
作家出版社

蓝，越旧越美。

对于许多颜色来说，

时间的累积只能增加磨损，

令它们显得衰败和不堪。

旧蓝则别有味道，

恍若陈酒，

或老去的亲人。

它条理清晰的纹脉里混合了山野的气脉和时光的表情，

让人想起所有经历过的岁月，

以及在岁月中积累着痛楚与快乐的吾土吾民。

《蓝印花布》

◀《蓝印花布》 作家出版社 2003年出版

一个集镇的诞生，

就这样“确凿”地展现在面前，

仿佛我目睹了整个过程。

我看到河滩上的卵石被挑选、组织和排列，

小的用于铺路，

大的用于盖房。

我看到有船将南山上的木材运来，

木匠们眯缝着眼，

用刨子在上面刨出无数花朵一样的木卷儿。

我看到河边的水车在不停地舂米，

米变成酒，

酒又变成温热的谈话。

在地图的深处，

我看到一个个图案精细、人影晃动的窗格，

聆听到暗夜里衣袖和饰物的喧哗。

《蓝印花布》

◀ 在湖南凤凰沈从文故居，归来后完成《凤凰——草鞋下的故乡》 2000年

道路像一条规则，

把我们纳入其中。

它老谋深算地在途中设置了若干曲折甚至奇遇，

但它从不修改方向，

终点是它手里始终掌握的一张底牌，

逗引我们去猜测和判断，

神秘性仅仅是对我们而言，

而对它自身，

一切皆不能置换。

《蓝印花布》

◀《蓝印花布》内页

蓝花布衫晾在老屋前的麻绳上，

背景是长的河流和宽的田野，

是宋代的石拱桥，

明代的戏台和清代的油坊。

湿漉漉的布衫上，

有白色的菱角，

柳叶和花朵。

《蓝印花布》

◀ 写《江南——不沉之舟》时期的祝勇　2000年

十城记
中国城市的历史性伤痛
祝勇作品系列

如同大地上缤纷的春色已经退化成诗歌中的记忆，

胡同节节败退，

最后退缩成站牌上几个不起眼的文字。

从地图上检索到它们或许并不困难，

但这里只有词条没有注释，

或者说只有标题而没有下文，

很少有人知道它们的来龙去脉。

在灯红酒绿之中，

它们显得来路不明，

形迹可疑，

像混在北京的民工，

但它们是这座城市里最古老的事物。

自从这里在800年前第一次成为全国首都，

胡同就一直是这座城市的关键词。

它曾经善良地向所有人发出邀请，

并为他们准备了房子、树荫和茶水。

《十城记——中国城市的历史性伤痛》

◀《十城记——中国城市的历史性伤痛》 东方出版社 2013年出版

没有一个国家的城市像中国这样急于改变自身的面貌，

传统建筑被大量列入清洗名单，

随之消失的，

自然包括与之相关的一系列文化符号、精神记忆和生活方式。

无论我们从怎样的角度评价它，

这都是一段特殊的历史，

从某种意义上，

决定着我们未来的思想方式和行为模式。

无论怎样，

对它采取漠视的态度，

淡然处之，

都是一件困难的事情，

对于有责任感的中国知识分子更是如此。

《十城记——中国城市的历史性伤痛》

◀ 在日本东京　2004年

我愿意将史学的真实称为写实性的真实，

有点像油画，面对客观的实物，

比如水，必须画得十分写实、逼真，

甚至一模一样；

而将文学的真实称为写意性的真实，

有点像中国画，面对客观的实物，

同样是水，

则用余白来表现，

也就是什么都没有。

齐白石画虾，

只画虾，不画水，

水是余白，

却栩栩如生，

没有人说不真实，

相反，是一种更高层次的真实。

《血朝廷》

◀《血朝廷》 人民文学出版社 2020年出版

FRANCIS SCOT
BY
JAMES

鼓楼算得上一个真正的老人。

它已经七百多岁，

皮肤已经开始皴裂、枯萎，

但它身体内部的气脉依然如故，

并试图以此证明老事物存在的合理性。

从鼓楼的门洞穿过去，

就到了一百年前的西安。

所有隐蔽在那幅古地图背后的事物

全都显现出来，

带着迫不及待的杂音，

交织碰撞着，

突如其来。

《十城记——中国城市的历史性伤痛》

◀ 在旧金山　2005年

旧宫殿
祝勇作品集
The Old Palace

对于许多从没进去过的人来说，

故宫是他们想象中的天堂。

在王权时代，

只有很少数身份高贵的人才能走进它，

目睹它的华丽与神圣。

绝大多数普通人，

只有蹲在皇城外的筒子河边，

透过灰色的城堞，

揣测它的面貌。

宫墙保守着宫廷的秘密。

即使站在合适的角度上，

他们也只能看到故宫上面的白云。

我看见一片白云停在午门的正上方。

红色城墙以蓝天为背景，

格外夺目。

《旧宫殿》

◀《旧宫殿》（修订版） 中国文联出版社 2009年出版

对一座皇宫的诞生进行描绘无疑是困难的，

甚至是不可能的。

没有一个人能对营造的每个细节都了如指掌，

没有一个人能够见证建造它的所有细节。

所有的细节都有来头，

都有另外的细节藏在背后，

这些背后的细节会合谋新的细节，

新的细节又彼此勾连，

派生出更新的细节。

当一座座雄伟的宫殿呈现在我们面前的时候，

我们已经无法计算，

它究竟跨越了多少个细节，

才成为现在这个样子。

我们站在它的面前，

只能看到它正面的局部，

而永远不可能看到它的背面——

包括空间的背面

和时间的背面。

《旧宫殿》

◀ 在北京鼓楼　2006年

在变动的时间中，

建筑是最稳定的因素，

因而我们经常把它确认为记忆里最忠实的坐标。

但建筑也会变节，

也会背叛我们的记忆，

也会参与到时间的骗局中。

世界上恐怕没有一个国家的建筑像中国一样始终处于大规模的动荡中，

仿佛有一只手在始终转动着城市的魔方。

当我们刚刚认清城市的面孔，

它已经发生了变化。

城市为闯入者准备了各种不同的入口，

这些形态各异的入口已经令我们眼花缭乱，

它们为我们安排了各种不确定的命运，

从每一个入口走进去，

结局都不一样。

但是现在,

所有的入口都在变,

每一个入口在不同的时间中都呈现出不同的形态,

也就是说,

一个入口可以同时是100个入口,

这使我们深陷迷惑而不能自拔。

城市的街景不再是一幅固定的图画,

它拒绝按图索骥,

它已是一串变动不拘的电影菲林,

华丽、璀璨,转瞬即逝。

《十城记——中国城市的历史性伤痛》

一个人行走的方向，

有时未必取决于理智的判断，

而仅仅取决于一种下意识。

尤其在资料和经验都不充足的情况下，

直觉往往发挥着决定性的作用。

我试图用自己的行脚，

将地图上这些诱人的单词

连成一句别具深意的话语。

《蓝印花布》

◀《蓝印花布》内页

ZHUYONG
B04 新副刊·文化人物
品味文化人生 发现时代坐标
祝勇：别把小说当历史

千古风流人物，

我最想写的，

就是苏东坡。

不是写一篇文章，

而是用一本书，

表达我的敬意。

在故宫
寻找苏东坡

那片被荒弃的土地，

苏轼却对它一见倾心，

就像一个饥饿的人，

不会对食物太过挑剔。

这本是一块无名高地，

因为它位于城东，

让苏轼想起他心仪的诗人白居易

当年贬谪到忠州做刺史时，

也居住在城东，

写了《东坡种花二首》，

还写了一首《步东坡》，

所以，

苏轼干脆把这块地，

称为“东坡”。

他也从此自称“东坡居士”。

中国文学史和艺术史里大名鼎鼎的苏东坡，

此时才算正式出场。

《在故宫寻找苏东坡》

◀《在故宫寻找苏东坡》 湖南美术出版社 2017年出版

我甚至觉得，

科学与艺术有时是成反比的，

对世界越明白，

想象力就越少，

艺术创造力就越是低下，

比如登月时代来临之后，

那枚曾经照亮中国传统文化的月亮就成了一个伸手不见五指的荒芜星体，

“春江花月夜”的美妙意境被阿姆斯特朗那一大步踏得粉碎。

但在汉代，

人们对世界的想象，

还带有许多魔幻的成分，

他们所塑造与描述的那个世界，

也因此具有了深刻的文学意蕴。

《故宫的古物之美》

◀ 祝勇　2006年

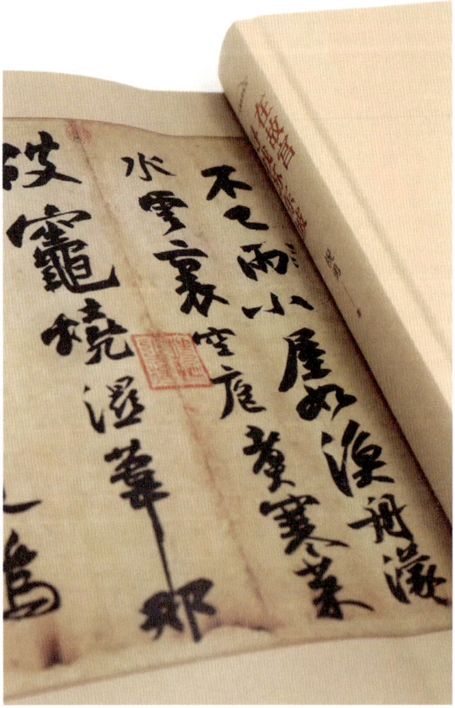

那时的他，

已经从忧怨与激愤中走出来，

走进一个更加宽广、温暖、亲切、平坦的人生境界里。

一个人的高贵，

不是体现为惊世骇俗，

而是体现为宠辱不惊、安然自立。

他热爱生命，

不是爱它的绚丽、耀眼，

而是爱它的平静、微渺、坦荡、绵长。

《在故宫寻找苏东坡》

◀《在故宫寻找苏东坡》内页

USN
REGULATOR
The Original
LEAP FROG

一个王朝，

不仅是在现实的废墟上建立起来的，

也要通过纸页和文字来建立。

这是因为文字始终是中华文明的核心，

文字的载体——纸，

虽有脆弱的一面，

在火灾、虫蛀乃至战争面前常常不堪一击，

但纸从本质上来说又是强悍的，

因为纸源于木(树)，

木的特质，

则在于它的生长性。

也就是说，

纸张与文字可以消泯，

但消泯的一切都将附着在纸页上再生，

我们的文明，

也因此而生生不息。

《故宫六百年》

◀ 在杰克·伦敦故居　2006年

我们今天能够看到的秦汉简牍

虽不是写自晁错的笔端，

却约略产生于那个时代。

一条一条长约20厘米的竹条木条，

古朴而挺拔。

从书法史的意义上说，

那些字暗含着汉字书写由篆入隶的巨大变化，

那些笔画粗肥的隶书，

字形优美而舒展，

把篆书蜷曲的身体摊平、拉长。

但是，

站在书法史之外，

我更愿意把它们当作两千多年前的

人们留下的手稿。

在它们的朝代里，

它们不是作为书法存在的，

可能是文件，

是军马账册日志报表，

或者嘘寒问暖的家书。

对于当事人来说，

它们的意义，

仅限于内容上的意义，

至于在历史中的意义，

都是在时间中派生出来的，

与当事人无关。

《故宫的古物之美》

这字，

不是为纪念碑而写的，

不见伟大的野心，

却正因这份兴之所至、文心剔透而伟大。

在苏东坡看来，

自己只是个普通人，

一个平凡无奇的小人物，

在季节的无常里，

体验着命运的无常。

只有参透这份无常，

生命才能更持久、更坚韧。

《在故宫寻找苏东坡》

◀ 《在故宫寻找苏东坡》内页

Marie Stuart
Claude Duneton

祝勇的散文创作，在九十年代（二十世纪）成长起来的青年作家中，已经颇具特色，引人瞩目。他为人温文尔雅，彬彬有礼，风采清秀，给人以良好印象。文如其人，他的散文写得不但文字优美，情韵雅致，而且感情深沉凝重。读他的散文，常使我产生五四时代散文作家转世之感。

刘绍棠

宋代的玉骨冰心，从唐代的大红大绿中脱颖而出。

这根基，

是精神上的自信。

它不是退步，

是进步。

是中国艺术的一次升级。

大道至简。

因为，越简单，越难。

千年之后，

我们依然可以从古文运动的质朴深邃，

宋代山水的宁静幽远，

以及宋瓷的洁净高华中，

体会那个朝代的丰瞻与光泽。

《在故宫寻找苏东坡》

◀《在故宫寻找苏东坡》内页

故宫的美，

来自时间的孕育，

来自万物的和谐，

来自真与善的赐予。

每当有恶与丑的力量试图挟持这座城，

这座城中都会自生出一种力量与之抗衡，

就像我们身体里健康细胞与病变细胞的博弈一样。

在这样的博弈中这座城并没有被摧毁，

而是变得愈发硬朗和健康。

《故宫六百年》

◀ 在美国加州大学伯克利分校中国研究中心　2006年

我经常说，

现实中的所有问题与困境，

都有可能从历史中找到答案。

许多人并不相信，

在这里，

苏东坡就成为从现实围困中拔地而起的一个最真实的例子。

时代给他设定的困境与灾难，

比我们今天面对的要复杂得多。

苏东坡置身在一个称得上坏的时代，

却并不去幻想一个更好的时代，

因为即使在最好的时代里，

也会有不好的东西。

《在故宫寻找苏东坡》

◀《在故宫寻找苏东坡》内页

花朵还有重新开放的时候，

仿佛一场永无止境的轮回，

在春风又起的时候，

接续它们的前世。

所以那花，是值得羡慕的。

但是，

每当春蚕贪婪地吸吮桑叶上黏稠甜美的汁液，

开始一段即将启程的路途，

眼前这些活生生的人们，

可能都已不在人世了。

只有那崇山峻岭，

茂林修竹，

清流激湍，

映带左右，

千古不会变化。

《故宫的书法风流》

◀ 在美国加州大学伯克利分校中国研究中心图书馆　2006年

宋代不杀文官，

却形成了一种奇特的贬官文化。

官场放逐，

反而使许多文人官僚寄情山水，

在文化上完全了自我。

柳宗元写“永州八记”，

范仲淹写《岳阳楼记》，

欧阳修写《醉翁亭记》，

苏东坡写“前后赤壁赋”，

都是在他们受贬之后。

但很少有人比苏东坡走得更远。

他的道路始于西部的眉州，

向东到汴京，向北到定州，

此次又要向南，折往英州，

不久，

他还要渡海，

抵达更加荒远的儋州。

大宋帝国的地图上，

留下他无数的折返线。

这些线路，

就像他在政治上的颠簸曲线一样，

撕扯着他，

也成全着他，

让他的生命获得了别人所没有的空间感。

这要拜朝廷上那班小人所赐，

让苏东坡一次次地开始了“说走就走”的旅行。

《在故宫寻找苏东坡》

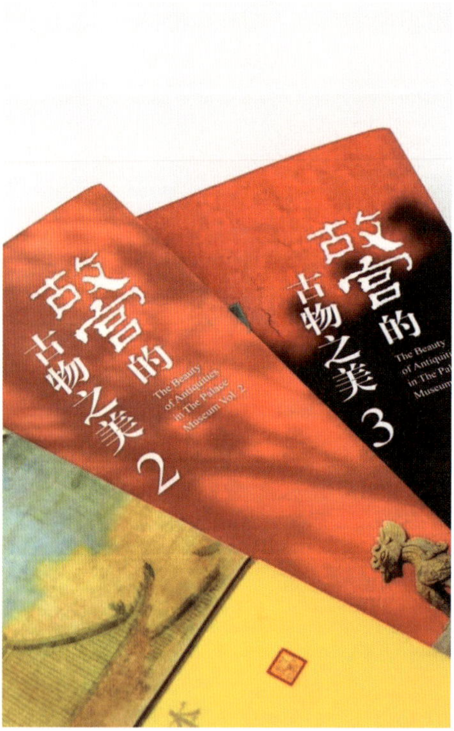
故宫的
古物之美
2
The Beauty
of Antiquities
in The Palace
Museum Vol. 2
故宫的
古物之美
3

真实的九鼎，

已经永远消失在历史的暗夜里。

四千多年过去了，

或许，

它们仍藏身在我们脚下，

在我们无法确知的深度。

仿佛埋藏得最深的种子，

而后来所有被称作历史的事件，

不过是地面上结出的花朵与果实而已。

《故宫的古物之美》

◀《故宫的古物之美》 人民文学出版社 2018年出版

Z
H
U
Y
O
N
G

我认真地写下每一个字，
尽管这些文字
是那么的粗疏——
只要不粗俗就好……

我认真地写下每一个字，

尽管这些文字

是那么的粗疏——

只要不粗俗就好。

我知道自己的笔

那么笨拙、无力，

但至少，

它充满诚意。

它是对我们古老文明的

惊讶与慨叹，

是一种由文化血统

带来的由衷自豪。

尽管这只是时间中的

一堆泡沫，

转瞬即逝，

但我仍希求

在“古物”的照耀下，

这些文字会焕发出

一种别样的色泽。

［图 18-2］
《豳风图》，南宋，马和之
故宫博物院 藏

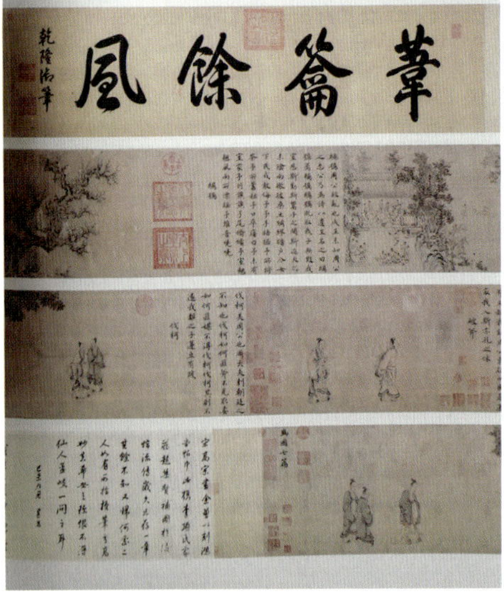

每个朝代都有自己的气质，

商代是一个宽阔、野性、暴烈、充满想象力的朝代，

充满了不可驾驭的力量和不可预知的变化。

人们把现实中无法解释、无法解决的问题，

交给了神去解决。

而酒，

恰好是人与鬼神沟通的媒介之一。

《故宫的古物之美》

◀《故宫的古物之美》内页

青铜器最肆意活跃的年代，

刚好是今天的历史学家们津津乐道的“轴心时代”。

在那个时代里，

有孔老庄墨、孟韩荀屈，

这一大堆“子”，

不仅在思想上领跑全球，

而且两千多年无人超越。

《故宫的古物之美》

◀ 在北京 2006年

祝勇
故宫的
书法风流
The Beauty of
Calligraphy
in the Palace
Museum

李白的忧伤，

来自“花间一壶酒，独酌无相亲。

举杯邀明月，对影成三人”。

李白的孤独，

是大孤独；

他的悲伤，

也是大悲伤，

是“大道如青天，我独不得出”，

是“白发三千丈，缘愁似个长”，

是“高堂明镜悲白发，朝如青丝暮成雪”。

那悲，

是没有眼泪的。

《故宫的书法风流》

◀《故宫的书法风流》　人民文学出版社　2021年出版

《收获》50年
精选系列
中国文学的光荣与梦想
回忆之书 珍藏之书
超越时代的经典之作，丰盛奢华的文字盛宴
127 位名家经典成名之作
60 篇中篇小说
12 卷作品精选
祝勇
王安忆

西蒙娜·波伏瓦的《人都是要死的》，

书名与伟大领袖的一句名言如出一辙，

但这是一部小说，

讲述了一个六百年不死的人的故事，

他名叫雷蒙·福斯卡。

他以为有了更长的生命就有时间去缔造一个更加完美的人生，

却只见证了更多的贪婪、凶残和毁灭。

他意识到，

没有休止的生存并没有多少意义，

只有受到时间限定的人生，

才能尽可能地趋于完美。

《在故宫书写整个世界》

◀ 在《〈收获〉50年精选系列》出版发布会上　2009年

故宫的
古画之美
The Beauty
of Paintings
in The Palace
Museum
祝勇——著

秦兵马俑，与长城、故宫一起，

成了中华文明最著名的标志，

也是最具“纪念碑性”的存在，

因为它们都“与永恒、宏伟和静止等观念相通”。

但它们的永恒、壮丽，

都不是靠单打独斗，

而是依托于群体完成的。

无论兵马俑、长城，还是故宫，

全部是由单独个体反复叠加所形成的庞大整体——

兵马俑总共包含了七千多个人物塑像，

故宫是由九千多间房屋组成的建筑群，

长城虽然可以算是一座单体建筑，

但是它绵延万里，浩大无双，

因此也是通过对一些基本单元（比如墙身、敌楼、烽燧等）的不断复制，

像折尺一样一节一节地伸展的，

因此，

它也是一道复合的墙，

一个复杂的建筑综合体。

《故宫的古物之美》

◀《故宫的古画之美》 人民文学出版社 2021年出版

我们今天已然漠视月亮，

原因是我们已经习惯了在夜里闭门不出，

即使出门，

也是去酒吧、餐馆、影院，

去热闹的商业中心。

我们走在人工的街景里，

关闭了与自然相通的孔道，

假如不是上元中秋，

谁会注意到天上的月亮呢？

但古人不是这样，

古人不是离自然很近，

而是他们就生活在自然当中，

他们的举手、投足都与自然息息相关，

就连他们的爱恨情仇，

都要借助自然来表达，

像杜甫所说的：

“感时花溅泪，恨别鸟惊心”，

花与鸟，

牵动着他们的泪、他们的心。

《纸上繁花》

难得看到像祝勇这样的年轻人，在连绵的江南春雨中，用折厚的报纸垫在湿透的鞋里，徜徉在古镇的高墙窄巷、卵石小路上，却是那么充满欢喜，那么无悔的从容，那么倾心地陷入深深的思索中。

郁风

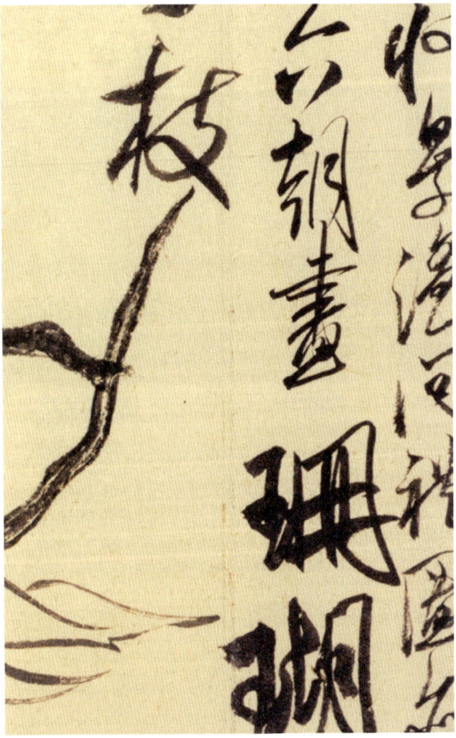

真正伟大的艺术家，

都是制订规则的人，

不是遵从规则的人。

当然，

这规则不是凭空产生，

而是有着深刻的精神根基。

《在故宫寻找苏东坡》

◀《在故宫寻找苏东坡》内页

SONY

李白墨迹之少，

与他诗歌的传播之广，

反差到了极致。

但幸亏有这幅字，

让我们穿过那些灿烂的诗句，

找到了作家本人。

好像有了这张纸，

李白的存在就有了依据，

我们不仅可以与他对视，

甚至可以与他交谈。

一张纸，承担起我们对于李白的所有向往。

我不知该谴责时光吝啬，

还是该感谢它的慷慨。

终有一张纸，

带我们跨过时间的深渊，

看见李白。

《故宫的书法风流》

◀ 在《西藏往事》拍摄现场　2011年

出其言善千里應之苟違斯義
同衾以疑

两千多年前，

文字落在竹简上，

就像雪落在地上，

被大地迅速融化和接收。

那些疾速写下的文字，

后来不断被抄写、被翻印，

与后世里的雕版相衔接，

与一代代人的目光相衔接。

在那些目光里，

文字真正变成了鸟，

因为它保持着适当的高度，

所以它很容易就飞越了朝代之间的栅栏，

一直飞到今天。

《故宫的古物之美》

◀《故宫的古物之美》内页

沧海桑田之后，

倦勤斋的一切，

仿佛都回到了它原初的样子。

我轻轻走进去，

光线微微颤动，

从空格里透进来，

依旧是那么干净，

仿佛目光，

从起伏繁复的花纹上一一掠过，

又仿佛一只手，

轻轻地拭去时间的尘埃，

也抚去它曾经的快乐与哀伤。

这一刻，

才真正是“现世安稳，岁月无惊”。

《故宫的隐秘角落》

◀ 在藏南　2012年

活泼

的寿限，就是它的
]，在她死的那一天，
人的江山，政治的规则，
的大周王朝交给女儿太平公
天的小女儿），不姓武，
子武承嗣或者武
那样，最多

毛笔是软的，

但它并不软弱。

直到今天，

阅读介质已发生根本的变化，

由青铜石鼓、木牍竹简的时代过渡到了电子时代，

毛笔书写的黄金时代已然过去，

但毛笔依旧是不能被键盘取代的。

技术专制并没有让它折服，

它依旧挺立在书生们的桌案上，

恪守着它原初的意志，

从未变节。

《故宫的古物之美》

◀《故宫的古物之美》内页

艺术是一种醉，

不是麻醉，

而是能让死者重新醒来的那种醉，

这一点，已经通过《兰亭序》的死亡与重生，

得到清晰的印证。

在这个世界上，

还找不出一个人能够真正地断送《兰亭序》在人间的旅程。

王羲之或许不会想到，

正是他对良辰美景的流连与哀悼，

对生命流逝、死亡降临的愁绪，

使一纸《兰亭序》从时间的囚禁中逃亡，

获得了自由和永生。

而所有浩荡无边的岁月，

又被压缩、压缩，

变得只有一张纸那么大，

那么的轻盈可感。

《故宫的书法风流》

Z H U Y O N G

故宫让我沉静——
在这座宫殿里，
我度过了生命中
最沉实和安静的岁月……

故宫让我沉静——

在这座宫殿里，

我度过了生命中

最沉实和安静的岁月，

甚至听得见自己

每分每秒的脉搏；

但另一方面，

故宫又让我躁动，

因为那些逝去的人与事，

都凝结在这宫殿的

每一个细节里，

挑动我表达的欲望——

我相信在它们面前，

任何人都不能无动于衷。

在中国人的观念中，

历史是一面更大的镜子，

所有的善、恶、美、丑，

在它面前都无所遁形。

假如说实物的镜子为我们观察自己增加了空间的视角，

那么历史这个虚拟的镜子就为我们认识自己拉开了时间的纵深，

在亘古无垠的时间里，

在“前不见古人，后不见来者”的苍茫中看见历史、确认自我的存在，

而不至于永远囚禁在个人经验的狭窄牢房内。

透过历史这面镜子，

中国人不仅可以看清自己的当下，

还可以看到自己的过去和未来。

《故宫的古物之美》

◀《故宫的古物之美》内页

那一刻，

我似乎听到了“四库馆”里，

所有人都屏住呼吸，

唯有笔尖齐刷刷落在纸页上的沙沙声。

那种声音轻盈绵密，

若有若无，

一个敏感的人，

能够从它们疾徐有致的节奏里，

听出笔画的起承转合。

纸是浙江上等开化榜纸，

纸色洁白、质地坚韧。

那时，

定然有一只飞虫轻轻降落在某一张正在书写的纸页上，

混迹于那些蝇头小字中，

但缮写者的写字节奏没有丝毫的零乱，

假如笔触刚好到达它停泊的位置，

那悬起的笔尖一定会停顿在空中，

等待它的重新起飞。

《故宫的隐秘角落》

◀ 在喜马拉雅山脚下的大峡谷中　2012年

[图 12-1]

陶彩绘女俑，唐

故宫博物院 藏

这份妖娆的气质，

并不有损于唐朝的伟大，

但它的伟大不通过纪念碑式的雕塑来建立，

而是在物质的奢华与色彩的夸张中流露出来的，

而城市里昂首阔步的女性，

正是对王朝自信最真切的表达。

《故宫的古物之美》

◀《故宫的古物之美》内页

火焰与纸页的形而上关系就这样确立了——

死亡的意志越是强大，

再生的冲动也就越大。

归根结底，

是因为在那些纸页的背后，

挺立着文人的身姿。

所有书册，

只有依托于一代代文人才能活起来。

有他们在，

那些死去的文字就能在新的纸页上复活。

这样，

面对书册，

我们就不再感到忧伤，

因为那些藏书阁里存在的

并不只是“千箱万帙”的书册，

而是知识，

是思想，

是千年不易的信仰；

书册中的一笔一画，

横横竖竖，

都是文人们的骨骼。

文人的骨头，

比时间更硬。

《故宫的隐秘角落》

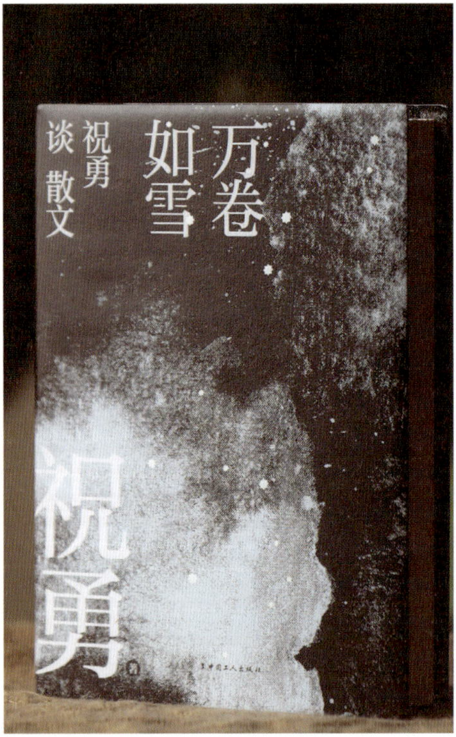
万卷如雪
祝勇谈散文
祝勇

在宋代，

一个人精神上的自我完成，

不是在内心深处隐秘进行，

而是与柴米油盐的日常生活无缝衔接。

外在的一切，

不过是内在的可视部分而已。

我们今天的许多生活品位，

虽不是宋人的创造，

却是在宋代定型的，

比如花、香、茶、瓷，

在这些物质中，

宋人寄寓了静观沉思的精神理念，

而汝窑各种器型的发展，

正是依托于花道、香道、茶道，

向生活的深处挺进。

《故宫的古物之美》

◀《万卷如雪——祝勇谈散文》　中国工人出版社　2021年出版

后宫的花园就不同了，

那里绿草茵茵，花开如海，

简直就是一个植物的帝国，

有玉兰、丁香，

有牡丹、芍药，

有杜鹃、海棠，

仿佛大地上最准确的时钟，

会在固定的时刻里睡去，

在另一个固定的时刻里醒来。

它们从春天一直开放到秋季里，

像空中的焰火一样此起彼伏，永不停歇。

即使在冬天，

一股股寒流从西伯利亚纵贯下来，

紫禁城湛蓝的天宇下，

依旧挺立着古柏老槐，

为万物凝固的寒冷景色注入一丝生命力。

《故宫的隐秘角落》

◀ 在故宫　2012年

《旧宫殿》是祝勇精心设置的一个历史迷宫，它华丽而苍凉，妩媚而毒辣，庄严而污秽。它诱惑我们走过去，让我们陶醉其中，浑然不觉，而作品中所有通向历史暗角的路径，都尽在作者的掌握之中。作者像一个老谋深算的巫师，在不为人知的角落里窥视着历史，也占卜着我们的将来。

莫言

故宫
六百年
From
The Forbidden City
To
The Palace Museum

时间无声地流过紫禁城，

却在紫禁城中留下了鲜明的痕迹。

紫禁城不是一个固体，

永恒不变，

而是一刻不停地在变，

尽管那变化，可能极为细小，

就像一个人的额头生出的皱纹，

只有敏感的人才能发现。

这些具体的、细小的变化，

带动这座城，

处于永不止息的生命律动中。

这是紫禁城这件“古物”与其他古物最根本的不同。

《故宫六百年》

◀《故宫六百年》　人民文学出版社　2020年出版

奖颁奖盛
NTARY FILM CERE

我沉浸在散文的世界里，

千载历史酿作一壶浊酒，

万里江山画作一尺丹青，

在历史与现实、理智与情感之间，

回旋往返穿来梭去，

不失为一种大自由，

与古人对话，

又实在是一种大荣幸。

这文字里，

不只有袖手观棋、低眉阅世的轻松，

往昔的繁华与幻灭里，

无不包含着对现世的几番警醒与忧患意识。

《故宫的隐秘角落》

◀ 在北京人民大会堂红毯仪式和颁奖典礼上　2011年

站在紫禁城巨大的广场上，

望着飞檐上面青蓝的天空，

我总是在想，

紫禁城到底是什么？

历史学家、建筑学家给出的所有定义，

都不足以解释它的迷幻与神奇。

在我看来，

紫禁城是那么神奇的一个场域，

是现实空间，

却又带有神异色彩。

它更像是一只魔盒、一座迷宫，

或者命运交叉的城堡。

因为它的内部人影幢幢，

魑魅交叠，

有多少故事，

在这个空间里发酵、交织、转向。

紫禁城是不可测的——

它的建筑空间是可测的，

建筑学家早已完成了对它的测绘，

它的神秘性却是不可测的，

用深不可测、风云莫测来形容它，

在我眼中都比用具体的数字描述它更贴切。

它用一个可测的空间，

容纳了太多不可测的事物，

或许这才是对紫禁城的真正定义。

《故宫六百年》

图1.3 ［北宋］佚名《文官图》壁画（局部）
北京故宫博物院 藏

官场都是培养小人的温床，不仅苏轼，像欧阳修、王安石、司马光这些中央领导，也都不能摆脱小人的纠缠。指望官员都是正人君子，未免太不切实际了，而将苏轼仕途的枯荣归因于他人的道德，不能算错，但至少是不完整的，甚至失之肤浅。

实际上，奠定了苏轼一生政治悲剧的，非但不是小人，相反是一位高士。

那就是他一生最大的政敌——王安石。

苏轼与王安石的冲突，似乎是命中注定，他们谁也躲不开。

此时的苏东坡，

内心一片澄碧。

他意识到，

在那些虚无高蹈的文章策论之外，

这世界上还绝然存在着另外一种文字，

它不是为朝廷，

为帝王写的，

而是为心，

为一个人最真实的存在而写的。

这是一种拒绝了格式化、远离了宫殿的装饰效果，

因而更朴素、更诚实，

也更干净的文字，

它也因这份透明，

而不为时空所阻，

在千人万人的心头回旋。

《在故宫寻找苏东坡》

◀《在故宫寻找苏东坡》内页

故宫博物院里，

存着春秋战国以来的四千多面铜镜，

光影陆离，

照亮两千多年的岁月。

只不过，

在今天的镜子里，

已经什么都看不到了。

那圆形的或者棱花形的，

无柄的或者有柄的镜子，

只是一些空的、已然失忆的镜子。

所有在镜中出现过的人与物都消失了，

除了一个铜绿斑斓的粗糙表面，

什么也没有留下，

仿佛枯萎的花朵，

见证着时间的荒凉。

《故宫的古物之美》

◀ 在法国尼斯　2013年

祝勇 著
远路去中国
Long Way to China

这纸《寒食帖》，

诗意苦涩，

虽也苍劲沉郁、幽咽回旋，

但放在苏东坡三千多首诗词中，

算不上是杰作。

然而作为书法作品，

那淋漓多姿、意蕴丰厚的书法意象，

却力透纸背，

使它成为千古名作。

《在故宫寻找苏东坡》

◀《远路去中国——西方人与中国皇宫的历史纠缠》 人民文学出版社 2019年出版

ZHUYONG

在我心里，
故宫就是
生长『隐秘』的地方……

“故宫的隐秘角落”，
是故宫魅力的一部分，
或者说，
没有了“隐秘”，
就没有真正的故宫。
在我心里，
故宫就是
生长“隐秘”的地方，
一个“隐秘”消失了，
就会有更多的
“隐秘”浮现出来，
就像日升月落，
草长莺飞，
生生不息，
永不停歇。

人民文学出版社

唐代是一个强调法度的朝代，

那法度，

被颜真卿、欧阳询一丝不苟地落实在横平竖直的唐楷里，

但另一方面，

似乎所有的规矩都可以冲破，

所有的实验都会受到怂恿，

张旭、怀素的狂草，

就是在法度之上长啸而起，

从规矩的牢笼中向自由狂奔。

唐代的文化，

就这样在来自两个方向的冲突中，阴阳互补。

唐朝的女人就这样，

盛装骑在马上(而不是坐在马车里)，

出现在人们的视野里，

那副傲然，

在其他朝代是绝难看到的。

《故宫的古物之美》

◀ 在人民文学出版社，《祝勇故宫系列》出版合同签字后留影　2017年

我们说历史是一面镜子，

其实，故宫也是一面镜子，

它照见了我们的美与善，

也照见了我们的丑与恶。

卑鄙的人从中看见了卑鄙，

他们永远对官场技能、后宫争斗情有独钟；

而高尚的人则从中找到了高尚，

这高尚滋养了我们的过去，

同样也将滋养我们的未来。

《故宫六百年》

◀ 《故宫六百年》内页

那时，

北宋文坛的空虚造作，

奇诡艰涩的文风

已让欧阳修忍无可忍。

在他看来，

那些华丽而空洞的词藻，

就像是一座装饰华美的坟墓，

埋葬了文学的生机。

《在故宫寻找苏东坡》

◀ 在人民文学出版社　2018年

如花，
女人加在一
女人去补。富察
去世时，他的后妃总
嫔），仅次于康熙皇帝的
再多的女子，也填补不了他
乾隆十五年（公元17
乌拉那拉氏被立为皇
在深宫里寂然死
立过皇后，
世后，其
后宫内景

历史不是已逝时间的总和，

历史是我们认识过去的逻辑。

因此，

历史如同建筑，

有感性的，

具有审美性的一面，

也有理性的，

具有逻辑性的一面。

《故宫六百年》

◀《故宫六百年》内页

宫殿里甚至没有表情，

而只有脸谱，

所有的表情、语言和动作，

都是经过了深思熟虑的酝酿和策划的。

只有经过了这样的格式化，

人们的表情、语言和动作，

才能与经过严格设计的宫殿、器皿和仪式相匹配。

宫殿是人间的天堂却不是人间本身，

宫殿里上演的所有戏剧，

都不过是一场精心安排的假面舞会。

《故宫的隐秘角落》

◀ 在成都　2018年

故宫答客问
Answer Questions on the Forbidden City
祝勇 著

一件古老的漆器，

让我升起对生活的无限渴望。

日子，其实也可以过得很美。

美不是奢华，不与金钱等值。

美，是一种观念——一种对生命的态度。

是凡人的宗教，

是我们为烟火红尘里的人生赋予的意义。

了解这一点，

我们才能真正体会古物之美。

《故宫的古物之美》

◀《故宫答客问》 故宫出版社 海豚出版社 2016年出版

祝勇拥有敏锐的洞察力和灵活的视角，这刚好有利于发挥他的特点，对紫禁城作出与他人不同的阐释，使他的作品，成为一种独特的文本。

郑欣淼

其实，

与它修葺后的金漆红柱比起来，

我更留恋它荒凉的样子，

因为荒凉并不是真正的空无，

而是另一种丰富和盛大——

在花草树风云雨鸟虫的下面，

埋伏着所有往事的影子。

梁柱一点点地朽蚀、剥落，

往事却一层层地涂上去，

越积越厚。

这构成了两种相反的运动。

《故宫的隐秘角落》

◀ 在成都言几又书店的读者见面会上　2017年

故宫的隐秘角落
The Secret Corners In The Forbidden City
祝勇——著

那不断被架高的皇权，

如同被抬高的水位时刻处于危险中。

它不是真空中的漂浮物，

不能摆脱地球的引力。

终有一天，

它会从幽暗的空中重重地跌落下来，

粉身碎骨。

《故宫的隐秘角落》

◀《故宫的隐秘角落》 人民文学出版社 2020年出版

纸上繁花

飞鸟在空气中扇动翅膀的声音，

凸显了宫殿的寂静。

每当站在空阔的文渊阁里，

我都会想象它从前装满书的样子，

想象着一室的纸墨清香，

如同一座贮满池水与花朵的巨大花园，

云抱烟拥，

幻魅无穷。

在这样一座宫殿里，

一个人既容易陶醉自己，

也容易丢失自己。

如果说紫禁城是一座建筑的迷宫，

那么《四库全书》就是一座文字的迷宫。

它以它的丰盛、浩大诱惑我们，

置身其中，

我们反而不知去向。

《故宫的隐秘角落》

◀ 在故宫　2021年

如果中华文明不是更多地依赖纸页，

就一定会有更多的艺术品保留下来，

我们可能会拥有成百上千个卢浮宫，

才能容纳下它的全部。

正因为我们的文化过于依赖纸页，

所以它与时间的搏斗变得更加艰难。

它是那么惧怕雨水、火焰、白蚁，

更不用说战争了——

那些精美绝伦的纸页，

或许可以战胜自然界的蚕食，

却很难战胜人为的灾难。

《故宫的隐秘角落》

◀《故宫的隐秘角落》内页

如果说汉代是以男人为主角，

“马踏匈奴”这些超级石雕代表了这个朝代的刚性气质，

那么唐代最突出的却是女性的形象。

中华文明既有父性的阳刚，

也不失母性的阴柔，

既有张，也有弛。

这样的节律变化，

在汉唐两个朝代表现得最为明显。

正是这样的刚柔相济、张弛有度，

才使我们的文明像一个人的生命一样有呼吸感、有弹性、有韧度，

才能涵纳世界，

应对外部世界的变化，

在悠长的历史中不被折断。

《故宫的古物之美》

◀ 在讲课　2021年

既然纸质文明如此脆弱，

中国人为什么

还对它如此迷恋？

天者，夜昼；

地者，枯荣；

人者，灭生。

这是农业社会赋予

中国人的朴素世界观。

中国人从不怀疑，

万事万物，

无论是一张纸、一个人，

还是一个王朝，

都有自己的寿限，

但他们同样相信，

天地万物，

都处于一个轮回的系统中，

生而死、死而生地循环往复，

所有死去的事物，

并不是真死，

而只是转换了存在方式而已。

纸页可以消失，

但文化不能。

《故宫的隐秘角落》

ZHUYONG

我要写紫禁城，
写紫禁城里的
十个甲子……

二〇二〇年，紫禁城

迎来建成六百周年，

我自然不会沉默。

我要写紫禁城，

写紫禁城里的

十个甲子。

只是紫禁城、六百年，

无论空间，

还是时间，

都过于庞大，

这个题目把我吓住，

我在心里盘桓了许多年，

迟迟没有落笔。

就此我们看到了两个故宫，

一个是王朝政治意义上的故宫，

另一个是文化意义上的故宫。

站在现代的立场上，

我们可以对王朝政治进行抨击，

而对故宫的文化价值，

我们不能不顶礼膜拜。

紫禁城表面上是一座城，

背后是一整套的价值观。

是中国人价值观的伟大(在轴心时代就已经奠定)，

成就了这座城的伟大。

一切的恩怨、宫斗都是速朽的，

纵然像朱棣、乾隆这样的不世之君，

也只是匆匆过客，

只有故宫(紫禁城)，

超越了个体，超越了王朝，

得以永恒。

《故宫六百年》

◀《故宫六百年》内页

今年春天，

我还特意到沈阳文溯阁，

避暑山庄文津阁，

走了一趟。

这两座藏书阁，

就像北京故宫的文渊阁一样，

人迹罕至。

风花雪月、草木无言。

寥廓的苍穹，

勾勒出它们孑然独立的造型。

时间在每一刻都刷新着过往的痕迹，

多少前尘往事，

都在风中消散了。

在藏书被搬走之后，

它们已经失去了藏书楼的意义，

这使它们看上去更像纪念碑，

在时间中挽留着将逝的记忆。

内廷四阁中的文渊阁、文溯阁、文津阁，

它们躲在宫殿的暗处，

不像御椅龙床那样引人注目，

却比它们有着更加炫目的荣光，

这荣光发自一个遥远的年代，

穿透了世事的尘烟，

一路延续到今天。

《故宫的隐秘角落》

与刀的哲学相比，

笔的哲学是中正平和，

以柔克刚。

在这个世界上，

越是锋芒毕露、杀机毕现，

就越会伤及自身。

这就是强悍如秦始皇者始终敌不过一支毛笔的原因。

《故宫的古物之美》

◀《故宫的古画之美》内页

我自己都无法解释，

我的寻根之旅，

怎么就寻到了故宫——

一个本属于帝王将相的生存空间？

它就像一个宽厚安稳的容器，

不加挑剔地接纳了我。

我隐隐地感觉到，

在这浩大工程的石板下面，

有着一组巨大的根须，

贯通着我身体里的筋脉血肉，

让我的情感永远波澜起伏。

《在故宫书写整个世界》

◀ 在珠海无界书店为读者签名　2021年

傍晚时分，

天刚好落雪，

是那年冬天的第一场雪，

天气很冷，是沈阳独有的冷，

冷得通透，

冷得过瘾。

那一刻，

我突然有些恍惚。

雪幕抹掉了城市的喧嚣，

让我恍然置身少年时的街上。

……我想循着街道，

走回我从前的家。

窗子里，

有我的父亲母亲。

他们在厨房里忙碌，

准备晚饭，

那时的他们，

比我今天还年轻吧。

那一刻，

我的眼眶突然潮湿。

我突然意识到，

我与这座城市的联系并没有被阻断，

它只是在某一个阶段被掩盖了。

这座城市原来就潜伏在我心底，

从来不曾离开。

那是我生命的一部分，

我的肌肉发肤。

《在故宫书写整个世界》

所谓故乡，

就是隐伏在内心深处，

不知不觉，

可以在某个生命节点被突然触动的情感，

是一到某个特定时候就会涌现出来的旧时光，

是我们生命的底色。

我们可以疏远，

可以忘记，

却没有人能够抗拒——

三十岁时可以抗拒，

到六十岁，

你绝对抗拒不了。

《在故宫书写整个世界》

◀ 在故宫　2021年

这是我对祝勇的感觉。他已经着魔一般陷入了昨天的文化里。这样的人不多。因为一部分文人将其视作历史的残余，全然不屑一顾；一部分文人仅仅把它作为一种写作的素材，写一写而已。祝勇却将它作为一种不能割舍的精神天地；历史的尊严，民间的生命，民族的个性，美的基因和情感的印迹全都深在其中。

冯骥才

在我看来，

城并不只是一个由城墙建筑围合出来的物质空间，

还体现为一种人伦关系。

……一座城就像一个人一样，

是有记忆的。

通过记忆，

一个人可以找到过去的城，

也可以找到过去的自我。

《在故宫书写整个世界》

◀ 在故宫　2021年

出，无须外力施压，只是
一分一秒中荒芜，对每个
能体现时间流逝的，不是
复始的运行，只会让人错
让人知道什么叫一去不返，
比钟表更加形象，更加生
的优越感上，男人的面孔
中国古代面容意识形态
美的角度上看，它的价值
美人图像的格式化
别，使得那些消逝的芳
但容颜永存，那些似曾
个前世今生，来到我们
体之间的差别，面容的
价值不是好看不好看，
会的网络中找到自己的
躯体”[10]，这使人的
意义，它是将个人与
确定个人的最重要
而不是指纹，尽管指

时间来到了战国，

一个大家都不打算好好说话的年代。

那个时代的人，

基本上都像吃了枪药似的，

为他们心中的真理、死理、面子，

或者仅仅为一个女人，

动不动就急赤白脸、以命相搏。

那也是一个热血的时代，

是血的流速越来越快的时代——

不仅在血管里流，

在青铜刀的血槽里流，

更在荒野大地上翻滚。

那时的空气中都回旋着血液的腥甜，

像肥料一样，

滋养着人们的野心。

《故宫的古物之美》

◀《故宫的古画之美》内页

李白是唯一，

其他都是之一。

他和他以后的时代里，

没有报纸杂志，

没有电视网络，

他的诗，

却在每个中国人的耳头、心头长驱直入，

全凭声音和血肉之躯传递，

像传递我们民族的精神密码。

中国人与其他东亚人种外观很像，

精神世界却有天壤之别，

一个重要的边界，

是他们的心里没有住着李白。

李白的诗，

是中国人的精神护照，

是中国人天生自带的身份证明。

李白，

是我们的遗传基因、血液细胞。

李白的诗，

是明月，

也是故乡。

没有李白的中国，

还能叫中国吗？

《故宫的书法风流》

隶书诞生于秦代，

发育、成长于汉代，

或许，

只有在汉代宽阔的疆域里，

它才能真正地驰骋和壮大。

它保持着一种即将腾跃的动作，

就像一位健将，

蹲伏在起跑线上，

身体虽是呈静态的，

却暗含着一股势能。

那是中华文明准备加速时的姿态，

一切都在准备中，

一切还没有绚烂起来，

就像晨曦中的景物，

虽暧昧不清，

却已轮廓分明。

《故宫的古物之美》

◀ 在故宫午门上拍摄 2021年

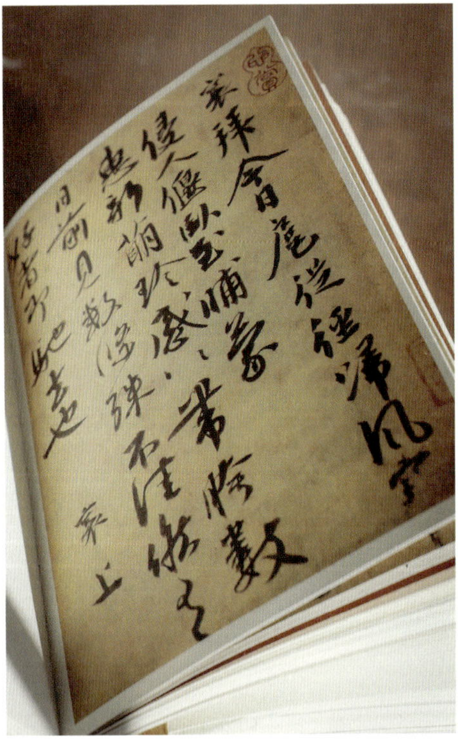

只有那幅字是例外。

那幅纸本草书的书法作品《上阳台帖》，

上面的每一个字，

都是李白写上去的。

它的笔画回转，

通过一管毛笔，

与李白的身体相连，

透过笔势的流转、墨迹的浓淡，

我们几乎看得见他的手腕的抖动，

听得见他呼吸的节奏。

《故宫的书法风流》

◀《故宫的书法风流》内页

春華門

它有法度，

那法度是属于大唐的，

庄严、敦厚，

饱满、圆健，

让我想起唐代佛教造像的浑厚与雍容，

唐代碑刻的力度与从容。

这当然来源于秦碑、汉简积淀下来的中原美学。

唐代的律诗、楷书，

都有它的法度在，不能乱来，

它是大唐艺术的基座，

是不能背弃的原则。

然而，

在这样的法度中，

大唐的艺术，却不失自由与浩荡，

不像隋代艺术，那么的拘谨收压，

而是在规矩中见活泼，

收束中见辽阔。

《故宫的书法风流》

◀ 在故宫　2021年

Z H U Y O N G

作为物化的“过去”，

我们希望有价值的

城市建筑能够得以保留，

好让“现在”能够从

“过去”中获得动力，

使中国的历史记忆

能够不断得以

重温和延续，

使未来能在

历史的声援下

更加健康和完美。

在中华文明的链条上，

这些小朝代却完成了关键性的过渡，

就像两种不同的色块之间，

有着过渡色衔接，

色调的变化，

就有了逻辑性。

在粗朴凝重的汉朝之后，

之所以形成缛丽灿烂，

开朗放达的大唐美学，

正是因为它在三百年的离乱中，

融入了草原文明的活泼和力量。

到了唐代，

曾经的悲惨和痛苦，

都由负面价值神奇地转化成了正面价值，

成为锻造大唐文化性格的大熔炉。

就像每个人一样，

在他的成长历程中，

都会经历痛苦，

而所有的痛苦，

不仅不会将他摧毁，

最终都将使他走向生命的成熟与开阔。

《故宫的书法风流》

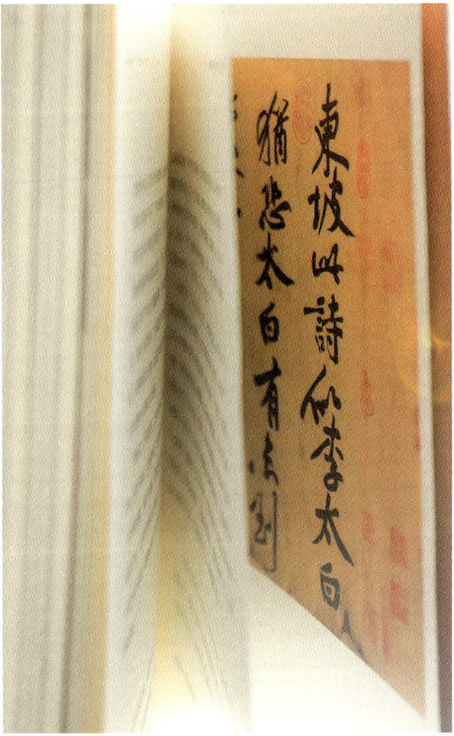
東坡此詩似李太白
猶恐太白有未到

儒与道，

一现实一高远，

彼此映衬、补充，

让我们的文明生生不息，

左右逢源。

但儒道互补，

出现在一个人身上，

就不多见了。

李白就是这样的浓缩精品。

《故宫的书法风流》

◀ 《故宫的书法风流》内页

只有在绝对的孤独里，

才找得见绝对的自我。

就像佛教徒的闭关面壁，

孤独也是一种修行。

最伟大的艺术，

无不在最大的孤独里，

实现了自我完成。

李白喜醉，

不过是在喧嚣中逃向孤独的一种方式而已。

他要在那一缕香醇里，

寻找到内心的慰藉。

《故宫的书法风流》

◀《故宫的书法风流》内页

终究，李白是一个活在自我里的人。

他的自我，不是自私。

他的自我里，

有大宇宙。

李白是从天上来的，

所以，

他的对话者，

是太阳、月亮、大漠、江河。

级别低了，

对不上话。

他有时也写生活中的困顿，

特别是在凄凉的暮年，

他以宝剑换酒，

写下“欲邀击筑悲歌饮，正值倾家无酒钱”，

依然不失潇洒，

而毫无世俗烟火气。

他的世界，

永远是广大无边的。

只不过，

在这世界里，

他飞得太高、太远，

必然是形单影只。

《故宫的书法风流》

假若时光倒流，

我们能够目睹那些城市里的生活，

就会发现，

这些精美的酒器，

不仅作为礼器，

用在祭祀仪式上，

有些也作为现实生活中的饮器，

让人们体验“觥筹交错”的热烈与糜烂。

也就是说，

这些青铜酒器不仅可以拿去孝敬神神鬼鬼，

人们也可以用它们来款待自己。

《故宫的古物之美》

◀ 在故宫　2021年

跟着吴昌硕去赏花
祝勇 著
故宫出版社
跟着吴昌硕去赏花

他相信，

在这个世界上，

没有完美无缺的彼岸，

只有良莠交织的现实。

因此，

苏东坡没有怨恨过他的时代，

甚至连抱怨都没有。

这是因为他用不着抱怨——

他根本就不在乎那是怎样的时代，

更不会对自己与时代的关系做出精心的设计与谋划。

《在故宫寻找苏东坡》

◀《跟着吴昌硕去赏花》　故宫出版社　2018年出版

祝勇以文学的方式书写故宫，对于传承传统文化，树立文化自信，很有意义。

王蒙

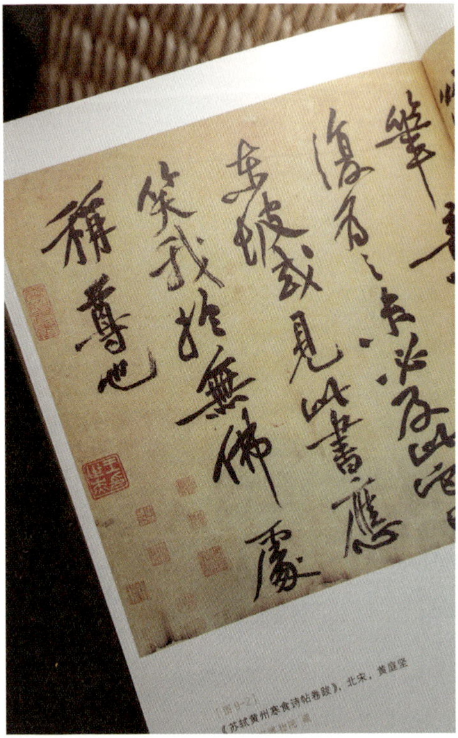

東坡或見此書應
笑我於無佛處
稱尊也
《苏轼黄州寒食诗帖卷跋》，北宋，黄庭坚

《兰亭序》是一个“矛盾体”（paradox），

而人本身，不正是这样的“矛盾体”吗？

对人来说，

死亡与新生，绝望与希望，

出世与入世，迷失与顿悟，

在生命中不是同时发生，

就是交替出现，

总之它们相互为伴，

像连体婴儿一样难解难分，

不离不弃。

《故宫的书法风流》

◀《故宫的书法风流》内页

李白诗里的明月，

纯净、圆润、皎洁，

在漆黑的夜里，

它是万物中最明亮者，

辉映千山，

也照亮人心，

让人心因宇宙自然的奇幻与伟大

而变得明亮和通透。

归根结底，

月是他的理想国，

无论现实多么困厄，

那枚理想之月永远悬在他的头上，

抬头可见。

也只有在那一片月光里，

他才能得到真正的自由，

就像一个人，

在他自己的故乡一样。

《纸上繁花》

adidas
故宫学
研究所

中文的动词没有时态的变化，

那是因为在中国人的精神结构里，

时间的概念是模糊不清的；

过去、现代、未来的关系，

有如流水，很难被斩断；

所有的过去，

都可能在现实中翻版，

而所有的现实，

也将无一例外地成为未来的模板。

《故宫的书法风流》

◀ 在办公室门口　2021年

乾隆四十一年(1776年)，

第一部《四库全书》缮写完成。

这一年，

一座绿色宫殿，

在紫禁城由黄色琉璃和朱红门墙组成的吉祥色彩中拔地而起，

像一只有着碧绿羽毛的凤凰，

栖落在遍地盛开的黄花中。

它以冷色为主的油漆彩画显得尤其特立独行，

显示出藏书楼静穆深邃的精神品质。

它，就是文渊阁。

《故宫六百年》

◀《故宫六百年》内页

纸上繁花
祝勇 著
作家出版社

伟大的艺术家，

莫不是由矛盾、对立、冲突、纠结、反复构成的综合体。

艺术的路，

迂回转折，

上下求索，

也莫不是艺术家自己与自己的交锋、对抗。

艺术，终究是一个人的棋局，

也只有自己，

才是永久的对手。

于是，

自己围追堵截，

自己又杀出重围。

我们看到的是繁花似锦、花好月圆，

却看不到背后的披荆斩棘、血肉横飞。

《纸上繁花》

◀《纸上繁花》 作家出版社 2021年出版

创作年表

著作

01 《与梦相约》，1993年
北京：中国物资出版社

02 《文明的黄昏》，1996年
北京：中央编译出版社

03 《改写记忆》，1999年
北京：中国文联出版社

04 《禁欲时期的爱情》，1999年
北京：中国文联出版社

05 《手心手背》，1999年
北京：中国文联出版社

06 《你有权保持沉默》，2001年
郑州：大象出版社

07 《凤凰——草鞋下的故乡》，2002年
北京：中国文联出版社

08 《遗址——废墟上的暗示》，2002年
北京：中国文联出版社

09 《给堕落一个理由》，2002年
昆明：云南人民出版社

10 《天堂驿站》，2002年
北京：光明日报出版社

11 《蓝印花布》，2003年
北京：作家出版社

12 《旧宫殿》，2004年
北京：中国旅游出版社

13 《江南——不沉之舟》，2004年
北京：中国旅游出版社

14 《北方——奔跑的大陆》
北京：中国旅游出版社，2004年

15 《凤凰——草鞋下的故乡》，2004年
北京：中国旅游出版社

16 《最后的罂粟》，2004年
北京：生活·读书·新知三联书店

17 《祝勇序跋》，2004年
苏州：古吴轩出版社

18 《旧宫殿》，2005年
沈阳：春风文艺出版社

19 《1405，郑和下西洋600年祭》，2005年
石家庄：花山文艺出版社

20 《江山美人》，2007年
北京：中国国际广播出版社

21 《出走者》，2007年
哈尔滨：北方文艺出版社

22 《反阅读——革命时期的身体史》，2008年
台北：联合文学出版社

23 《稻城——香格里拉精神史》（合著），2009年
北京：人民出版社

24 《旧宫殿》（修订版），2009年
北京：中国文联出版社

25 《帝国创伤》，2009年
北京：中国文联出版社

26 《江南：不沉之舟》（修订版），2009年
北京：中国文联出版社

27 《北方：奔跑的大陆》（修订版），2009年
北京：中国文联出版社

28 《双城记·紫禁城记》，2009年
北京：紫禁城出版社

29 《双城记·长城记》，2009年
北京：紫禁城出版社

30 《西藏——远方的上方》，2010年
南昌：百花洲文艺出版社

31 《再见，老房子》，2010年
南昌：百花洲文艺出版社

32 《非典型面孔》，2010年
北京：生活·读书·新知三联书店

33 《纸天堂——西方人与中国的历史纠缠》，2011年
北京：生活·读书·新知三联书店

34 《血朝廷》，2011年
上海：上海文艺出版社

35 《血朝廷》，2011年
台北：联合文学出版社

36 《旧宫殿》（十周年纪念版），2012年
上海：上海文艺出版社

37 《旧宫殿》（十周年纪念版），2012年
台北：联合文学出版社

38 《祝勇散文精品集》，2012年
海口：南海出版公司

39 《大师的伤口》，2012年
北京：海豚出版社

40 《禁欲时期的爱情》，2012年
北京：海豚出版社

41 《他乡笔记》，2013年
北京：海豚出版社

42 《1894，悲情李鸿章》，2013年
南京：江苏文艺出版社

43 《故宫的风花雪月》，2013年
香港：牛津大学出版社

44 《故宫的风花雪月——破译故宫书画的“达·芬奇密码”》，2013年
北京：东方出版社

45 《盛世的疼痛——中国历史中的蝴蝶效应》，2013年
北京：东方出版社

46 《民国的忧伤——民国初年的宪政传奇》，2013年
北京：东方出版社

47 《辽宁大历史——中华文明的抽样观察》，2013年
北京：东方出版社

48 《十城记——中国城市的历史性伤痛》，2013年
北京：东方出版社

49 《血朝廷》，2014年
北京：东方出版社

50 《纸上的叛乱——一个“散文叛徒”的文学手记》，2014年
北京：东方出版社

51 《旧宫殿》，2015年
北京：东方出版社

52 《西藏书——十年藏行笔记》，2015年
北京：东方出版社

53 《故宫的隐秘角落》，2015年
香港：牛津大学出版社

54 《故宫的隐秘角落》，2016年
北京：中信出版集团

55 《国学与五四——饮风楼读书记第一卷》，2016年
北京：东方出版社

56 《文字的城邦——饮风楼读书记第二卷》，2016年
北京：东方出版社

57 《故宫答客问》，2016年
北京：故宫出版社、海豚出版社

58 《在故宫寻找苏东坡》，2017年
香港：牛津大学出版社

59 《在故宫寻找苏东坡》，2017年
长沙：湖南美术出版社

60 《国学笔记》，2017年
北京：故宫出版社、海豚出版社

61 《纸上的故宫——祝勇散文经典》，2017年
武汉：长江文艺出版社

62 《为什么唐朝会出李白——祝勇经典散文》，2018年
上海：上海文艺出版社

63 《故宫的古物之美》，2018年
北京：人民文学出版社

64 《远路去中国——西方人与中国皇宫的历史纠缠》，2019年
北京：人民文学出版社

65 《最后的皇朝——革命前夜的大清王朝》，2019年
北京：人民文学出版社

66 《故宫的古物之美2》，2020年
北京：人民文学出版社

67 《故宫的古物之美3》，2020年
北京：人民文学出版社

68 《在故宫寻找苏东坡》，2020年
北京：人民文学出版社

69 《故宫的隐秘角落》，2020年
北京：人民文学出版社

70 《血朝廷》，2020年
北京：人民文学出版社

71 《故宫六百年》，2020年
北京：人民文学出版社

72 《在故宫书写整个世界》，2020年
上海：上海人民出版社

73 《讲给孩子的故宫·寻找宝藏》，2020年
北京：天天出版社、人民文学出版社

74 《讲给孩子的故宫·纸上看展》，2020年
北京：天天出版社、人民文学出版社

75 《讲给孩子的故宫·探秘建筑》，2020年
北京：天天出版社、人民文学出版社

76 《讲给孩子的故宫·书法之美》，2020年
北京：天天出版社、人民文学出版社

77 《讲给孩子的故宫·又见苏东坡》，2021年
北京：天天出版社、人民文学出版社

78 《讲给孩子的故宫·从故宫到长城》，2021年
北京：天天出版社、人民文学出版社

79 《故宫的书法风流》，2021年
北京：人民文学出版社

80 《万卷如雪——祝勇谈散文》，2021年
北京：中国工人出版社

81 《纸上繁花》，2021年
北京：作家出版社

82 《故宫里的中国——祝勇自选集》，2021年
北京：人民文学出版社

83 《故宫的古画之美》，2021年
北京：人民文学出版社

84 《祝勇文学笔记》，2022年
沈阳：辽海出版社

85 《我的枕边书——祝勇品经典》，2022年
沈阳：辽海出版社

86 《历史的复活术——祝勇创作谈》，2022年
沈阳：辽海出版社

87 《尺素集——祝勇通信集》，2022年
沈阳：辽海出版社

88 《请教集——祝勇访大家》，2022年
沈阳：辽海出版社

89 《文学的故宫——祝勇答问录》，2022年
沈阳：辽海出版社

主编作品

01 《新锐文丛》，1996年
北京：中央编译出版社

02 《声音的重量：中国新文人随笔》，1998年
北京：作家出版社

03 《重读大师》（共两卷），1999年
北京：人民文学出版社

04 《知识分子应该干什么》，1999年
北京：时事出版社

05 《三声文丛》，2001年
广州：广东人民出版社

06 《深呼吸散文丛书》，2002年
北京：中国文联出版社

07 《新文人随笔丛书》，2002年
昆明：云南人民出版社

08 《我们对于饥饿的态度》，2003年
北京：中国文联出版社

09 《新散文九人集》，2003年
北京：中国广播电视出版社

10 《一个人的排行榜》，2003年
沈阳：春风文艺出版社

11 《阅读》（第1、2辑），2004年
北京：中国社会科学出版社

12 《大家文丛》，2004年
苏州：古吴轩出版社

13 《中国散文双年展》，2004年
昆明：云南人民出版社

14 《永玉六记》，2005年
南京：江苏人民出版社

15 《外国散文精品文库》，2007年
北京：中国国际广播出版社

16 《台湾百年散文大系》，2008年
哈尔滨：北方文艺出版社

17 《巴金译丛》，2008年
哈尔滨：北方文艺出版社

18 《老橡树文丛》，2008年
哈尔滨：北方文艺出版社

19 《〈收获〉50年精选系列》，2009年
北京：中国文联出版社

20 《布老虎散文》，2003年出版至今
沈阳：春风文艺出版社

21 《21世纪中国文学大系》（2003—2009年散文），2004—2010年
沈阳：春风文艺出版社

22 《巴金经典作品系列》，2010年
南昌：百花洲文艺出版社

23 《独立文丛》，2012年始
北京：海豚出版社

24 《紫禁城六百年》，2020年
上海：上海文艺出版社

25 《众流合注——新散文三十年》，2021年
上海：上海文艺出版社

影视作品

01 《1405，郑和下西洋》（总编剧）
大型历史纪录片，中央电视台，2005年播出
获香港无线电视台（TVB）台庆大典最具欣赏价值大奖等多种奖项

02 《我爱你，中国》（总编剧）
大型历史纪录片，北京电视台，2009年播出
获政府最高奖第21届中国电视星光奖、第25届大众电视金鹰奖优秀纪录片奖、中国十佳纪录片奖、第二届全国优秀电视文化（文艺）节目优秀大型纪录片奖

03 《辛亥》（总编剧）
大型历史纪录片，北京电视台，2011年播出
获第26届大众电视金鹰奖优秀纪录片奖、第18届中国纪录片年度特别作品奖（与《舌尖上的中国》并列）、“光影纪年——中国纪录片学院奖”最佳创意奖、中国十佳纪录片奖

04 《岩中花树》（总编剧）
大型历史纪录片，中央电视台，2011年播出
获中国十佳纪录片奖

05 《我们的故事》（总编剧）
大型纪录片，北京电视台，2012年播出

06 《房山》（总编剧、联合导演）
大型历史纪录片，北京电视台，2012年播出

07 《案藏玄机》（总编剧，合作）
大型历史纪录片，中央电视台，2014年播出
获中国十佳长篇纪录片奖

08 《历史的拐点》（总编剧）
大型历史纪录片，中央电视台，2016年播出
获第22届中国纪录片学术盛典十佳纪录片奖、第十一届中国纪录片国际选片会“十大纪录片”

09 《苏东坡》（总编剧）
大型历史纪录片，中央电视台，2017年播出
获第23届中国纪录片学术盛典年度十佳纪录片及最佳编剧奖

10 《天山脚下》（总导演）
大型纪录片，中央电视台，2018年播出
获第24届中国纪录片学术盛典年度作品、
“光影纪年——中国纪录片学院奖”最佳摄影奖、
“最值得关注的十部纪录片”（2018年）、
“新中国70年纪录片百部推荐典藏作品”（2019年）

11 《上新了·故宫》第一季（总编剧）
大型文化综艺节目，北京电视台，2018年播出
获上海电视节白玉兰奖（2019年）

12 《故宫文物南迁》（总编剧、总导演）
大型纪录片，2021年正在拍摄中

作者简介

祝勇，作家、纪录片导演，艺术学博士，祖籍山东菏泽，1968年出生于辽宁沈阳。现任故宫博物院故宫文化传播研究所所长，国家社科重大项目“故宫文物南迁史料整理与史迹保护研究”子课题“故宫文物南迁记忆再现与重构”负责人。中国人权研究会理事。

已出版作品五百余万字，主要有《故宫的古物之美》《故宫的古画之美》《故宫的书法风流》《在故宫寻找苏东坡》等数十部著作。“祝勇故宫系列”由人民文学出版社出版。

任《辛亥》《历史的拐点》《苏东坡》等多部大型纪录片总编剧；国务院新闻办、中央电视台大型纪录片《天山脚下》总导演，该片入选“新中国七十年纪录片百部典藏作品”，获金鹰奖、星光奖等多种影视奖项。

封底篆刻：鄂力

书影及内文图片拍摄：孙佳妮　李少白

书中祝勇先生个人图片由喻丽清、张秀芳、赵无眠、逢小威、李冰、赵萍、罗盘、潘石屹、张云天、熊育群、刘宇飞、马宁宁、孙佳妮等人拍摄

图书在版编目（CIP）数据

祝勇文学笔记 / 祝勇著；佟丽霞选编. 一 沈阳：辽海出版社，2022.2

ISBN 978-7-5451-6238-7

Ⅰ. ①祝… Ⅱ. ①祝… ②佟… Ⅲ. ①中国文学—当代文学—作品综合集 Ⅳ. ①I217.2

中国版本图书馆CIP数据核字（2021）第240915号

出 品 人：柳青松

出 版 者：北方联合出版传媒（集团）股份有限公司

辽海出版社

（地址：沈阳市和平区十一纬路25号　邮编：110003）

印 刷 者：辽宁一诺广告印务有限公司

发 行 者：北方联合出版传媒（集团）股份有限公司

辽海出版社

幅面尺寸：130mm × 210mm

印　　张：8

字　　数：50千字

出版时间：2022年2月第1版

印刷时间：2022年2月第1次印刷

责任编辑：甄　贞

装帧设计：马　欢

印制统筹：曾金凤

营销统筹：袁丽娜

责任校对：王守红　李子夏

书　　号：ISBN 978—7-5451-6238-7

定　　价：68.00元

购书电话：024-23285299

开发部电话：024-23285788

网　　址：http://www.lhph.com.cn

法律顾问：辽宁普凯律师事务所　王伟

如有质量问题，请与印刷厂联系调换

印刷厂电话：024-24859633